AF185948

DINNER FOR ONE

Abendessen
für eine Person

auf Bayerisch vazäiht
vom Alfons Schweiggert

mit a paar pfundige Buidln
vom Franz Eder und ausm Fuim

Edition Nautilus

Editorische Notiz: Alfons Schweiggert, geb. 1947 in Altbayern; Studium der Philosophie, Psychologie und Pädagogik, verfasste zahlreiche Biographien, Sachbücher, Erzählungen, Kinder- und Jugendbücher, Lyrik und Satiren. Zehn Jahre arbeitete er neben F. K. Waechter beim Satiremagazin *Pardon* mit. Präsidiumsmitglied der Literatenvereinigung Turmschreiber.

Franz Eder, geb. 1942 in München, Karikaturist; zeichnete für *Playboy, Penthouse, Focus, Medical Tribune* und *Nebelspalter*; illustrierte zahlreiche Bücher, karikierte in ca. 60 TV-Sendungen u. a. Willy Brandt, F. J. Strauß, Lothar-Günter Buchheim; Ausstellungen in Ost- und Westeuropa und in den USA.

Edition Nautilus Verlag Lutz Schulenburg
Schützenstraße 49 a · D - 22761 Hamburg
www.edition-nautilus.de
Originalveröffentlichung
Alle Rechte vorbehalten · © Edition Nautilus 2002
1. Auflage 2002
Druck & Bindung:
Beltz Bad Langensalza

7. Auflage 2012

ISBN 978-3-89401-403-2

Grüß Gott!

Eigentlich hätte dieses Buch überhaupt keinen Grund gehabt zu erscheinen, hätte sich da nicht etwas Sensationelles ereignet, was hier zur Sprache kommen muss.

Bisher glaubte die Weltöffentlichkeit immer, die Geburtsstätte des Sketches »Dinner for one« sei Blackpool in England. Von dort sei er nach Deutschland gekommen und im NDR-Fernsehen von Peter Frankenfeld zum Kult entwickelt worden. Dies war nachweislich nicht so.

Ende November 2001 entdeckte man in der Bayerischen Staatsbibliothek eine Handschrift mit dem Titel »Abendessen für eine Person«. Der Text war in bayerischer Mundart abgefasst. Experten stellten rasch eine erstaunliche inhaltliche Ähnlichkeit mit dem Sketch »Dinner for one« fest. Untersuchungen der Schrift ergaben, dass das Manuskript womöglich der Feder des bayerischen Komikers Karl Valentin entstammte. Der aber starb bereits 1948. Das heißt, der Text »Abendessen für eine Person« muss spätestens 1947 entstanden sein, vermutlich sogar noch früher. Die englische Version hingegen erschien erst in den späten siebziger Jahren.

Wie aber kam Karl Valentins »Abendessen für eine Person« nach England? Angeblich hatte der Komiker nach dem Krieg auch Kontakte zu englischen Besatzungssoldaten, vor allem zu einem Offizier. Es liegt nahe, dass diesem der Sketch »Abendessen für eine Person« in die Hände fiel. Der nahm das Manuskript zur Überprüfung mit in sein Büro, versäumte aber die Rückgabe. Als der Mann wieder nach England zurück gekehrt war, zeigte er es nach Jahren einem Bekannten, der aus Bayern stammte. Als dieser bemerkte, welch unschätzbares Kleinod er in Händen hielt, übersetzte er den Text ins Englische. So gelangte der Sketch auf jene Varieté-Bühne, auf der Freddie Frinton auftrat. Als der Übersetzer Jahre später in den Freistaat zurückkehrte, brachte er Valentins Originalmanuskript mit und übergab es der Bayerischen Staatsbibliothek, wo es bis zu seiner Entdeckung unbemerkt ruhte. Damit steht fest, dass »Dinner for one« zweifellos bayerischen Ursprungs ist.

Alois Wrdlbrmpfd
Erster Vorsitzender
der Karl Valentin-Fondation,
Planegg bei München

Dinner for one,
ein bayerischer Brauch

Wie überall auf der Welt, so nimmt auch in Bayern die Zahl der begeisterten Fäns von »Dinner for one« von Jahr zu Jahr erfreulich zu. Dies wird sich noch verstärken, wenn erst einmal bekannt geworden ist, dass »Abendessen für eine Person« – so der Titel der Originalfassung – bayerischen Ursprungs ist (siehe Einleitung). Es wäre schön, wenn sich daraus in jeder bayerischen Familie eine interaktive Gewohnheit entwickeln ließe.

Damit dies gelingt, muss künftig in allen Schulen des Freistaates »Dinner for one auf Bayerisch« Pflichtlektüre werden. In bayerischen Haushalten sollte jedes Familienmitglied außerdem von Kindheit an einen regelmäßigen Umgang mit diesem urbayerischen Sketch gewöhnt werden. Zu diesem Zweck muss der Silvesterabend eine besondere Gestaltung erfahren, wie sie in folgendem Vorschlag angeregt wird. Nur so wird sich dieses »Abendessen für eine Person« ähnlich wie das Maibaumstehlen, die Wolpertinger-Jagd oder das Perchtenlaufen bereits in wenigen Jahren zu einem urbayerischen Brauchtum entwickeln lassen, das keiner mehr missen möchte.

Gestaltung eines zünftigen »Dinner for one«-Silvesterabends in bayerischen Familien

1. Der Silvester-Abend beginnt mit einem opulenten Abendessen, dessen Speisenfolge sich genau so gestaltet, wie sie auf der Speisenkarte zu finden ist (siehe gegenüberliegende Seite). Diese entspricht in allen Einzelheiten dem Original-Menü, das in der Urschrift zu finden ist.

   Nach jedem Gang wechseln die Mitglieder unaufgefordert die Plätze, ein Vorgang, der an den ständigen Platzwechsel des Dieners Tscharli erinnert. Insgesamt findet demnach pro Person ein viermaliger Platzwechsel statt.

2. Nach dem Essen wird von allen Anwesenden Die »Dinner for one«-Hymne auf Bayerisch gesungen. Die Melodie und der Text der Strophen finden sich auf den Seiten 11 bis 13.

3. Kurz vor dem jeweiligen Jahreswechsel wird das zentrale Geschehen eingeleitet, bei dem »Dinner for one auf Bayerisch« würdig zelebriert wird. Dabei richten sich die Familienmitglieder und Gäste nach der ausführlichen

D' Speiskartn

Leberspatzlsuppn

✦

Kerschgeist
zum Aufwarma

✦

Starnberger See-Renken,
resch rausbacha

✦

Sauerampfa aus Frankn
(ein besonders rasser Weißwein)

✦

Brathendl

✦

Schampus

✦

Apfiküachal

Versoffne Jungfern
(hochprozentiges
bowlenartiges Getränk)

Gebrauchsanweisung, wie sie auf den Seiten 14 bis 16 beschrieben ist.

4. Nach Beendigung der Feier begeben sich in Anlehnung an Tscharli und Frein Sophie je zwei Partner gemeinsam zur Nachtruhe – dazu keine ausführlicheren Hinweise.
Es ist jedoch gestattet, die Silvesterfeier als Neujahrsfeier bis in die Morgenstunden auszudehnen.

5. Familien, die sich dem »Dinner for one auf Bayerisch«-Brauchtum verpflichtet fühlen, erachten es als ihre vornehmste Pflicht, einmal jährlich an den Bayerischen Landtag und an das Bayerische Kultusministerium Petitionen zu richten. In ihnen fordern sie die Aufnahme des originalen englischsprachigen Textes »Dinner for one« in den Englisch-Lehrplan und die Einfügung des bayerischen Urtextes in den Deutsch-Lehrplan aller bayerischen und bundesdeutschen Schulen.

Die »Dinner for one«-Hymne auf Bayerisch

Zu Sil - ves - ter gibt's a Gau - di,
so is Brauch in je - dem Jahr.
Karl, der Die - ner und d'Frein So - phie
fin - den's trotz - dem wun - der - bar.

Zu Silvester gibt's a Gaudi,
so is Brauch in jedem Jahr.
Karl, der Diener, und d'Frein Sophie
finden's trotzdem wunderbar.

Wenn der Karl, der oide Grattler
beim Serviern si fast dafoit,
stöhnt sogar der Bayrische Löwe:
»O mei, Manndi, bist du oid!«

D'Frein Sophie hockt brav vorm Teller,
grölt da Tscharli lauthals: »Schkoll!«
Sie fühlt sich wia a jungs Madl
und ihr werd ums Herz so wohl.

Sie traamt dann vom Wampenrieder,
und vom Alois Hingerl aa,
siehgt an General von Schwanstein,
is am Veigl Walter nah.

Olle viere lebn zwar nimmer,
san scho ins Nirwana nauf,
doch der Karl, der brave Diener,
der weckt alle viere auf.

Er spuit gern an Alois Hingerl,
sauft ois Wampenrieder Sekt.
Herrn von Schwanstein und an Veigl,
olle Rolln spielt er perfekt.

Dabei werd er immer bsoffner,
halt si dennoch steckerlgrad,
lallt: »Summ Woi und Proscht, Frein Sophie!«
Sie sitzt do mucksmeisalstaat.

D'Frein Sophie is überglücklich,
neinzg Jahr is sie jetz scho oid.
Aber jeds Jahr lafft dessöibe,
weils ihr einfach so guat gfoit.

Zu Silvester gibts a Gaudi,
so is Brauch in jedem Jahr.
Karl und Sophie sollts hoch leben,
ihr seid wirklich wunderbar!

Bayerische Synchronisation
von »Dinner for one«
als »Abendessen für eine Person«

Folgende Gebrauchsanleitung gibt einen Hinweis, wie sich »Dinner for one« in der bayerischen Urfassung in den hiesigen Familien als neues Brauchtum installieren lässt und sich so mit der Zeit zu einer ähnlich lieben Gewohnheit entwickelt wie anderes bayerisches Brauchtum, so etwa Schuhplattln, Oktoberfest oder Almabtrieb.

Gebrauchsanleitung

1. Der Familienrat bestimmt jedes Jahr kurz vor Weihnachten, welche Personen in die Rollen des Dieners Karl und von Frein Sophie schlüpfen. Die gewählten Sprecher üben in den nächsten Tagen intensiv ihre bayerischen Sprechrollen.

2. Am Silvesterabend wird gegen 23.40 Uhr der Fernseher angeschaltet. Das Video »Dinner for one« wird in den Videorecorder eingelegt. Die Familie nimmt vor dem Fernseher Platz.

3. Neben dem Sprecher von Karl und Frein Sophie sitzt je ein so genannter Anrempler. Er

versetzt Karl oder Frein Sophie immer dann einen Rempler, also einen Stoß in die Rippengegend, wenn sie ein Dialogstück zu sprechen haben. Dies ist deshalb erforderlich, weil die Sprecher nicht gleichzeitig in den Fernseher schauen und sprechen können.

4. Unabdingbar ist es auch, dass jeder Sprecher ein eigenes Buch »Dinner for one auf Bayerisch« besitzt, damit er sich ungehindert vom Partner auf seine Sprechrolle konzentrieren kann. Deshalb sollte rechtzeitig, spätestens jedoch Ende November eines jeden Jahres, in der nächst liegenden Buchhandlung eine ausreichende Menge von Exemplaren des Buches »Dinner for one auf Bayerisch« bestellt werden.

5. Zehn Minuten vor Jahreswechsel wird das Video angeschaltet. Der Ton wird leiser gestellt oder ganz abgedreht. Beim Ablauf des Films ist darauf zu achten, wann Karl oder Frein Sophie den Mund bewegen. In diesem Augenblick verlesen die Sprecher, durch die Anrempler darauf aufmerksam gemacht, den jeweiligen Dialogabschnitt auf Bayerisch.

DINNER FOR ONE
IN DER
BAYERISCHEN URFASSUNG

ABENDESSEN
FÜR EINE PERSON

Jede Ähnlichkeit in Text oder Bild mit noch le-
benden oder bereits verstorbenen Personen ist rein
zufällig, aber durchaus zumutbar.

Im herrschaftlich eingerichteten Speisezimmer ei-
nes bayerischen Landhauses am Starnberger See
deckt gerade der Hausdiener Karl den Tisch für
fünf Personen. Oid is er scho, der Karl, und a
bissl wacklig auf seine krampfadrign Kraut-
stampfer.

Hint in der Eckn vom Zimmer san auf a Kom-
mod an Haufn Flaschn aufgreiht – do werd, moan
i, ganz schee gsuffa – und daneben steht a Sup-
penterrine. Zwischen dem Tisch und der Kommod
liegt aufm Bodn ein räudigs Fell. 's hat am Löwn
ghört, ma sagt, einem bayerischen Löwen. Der Ge-
neral von Schwanstein hat's angeblich von einem
Schwarzen, einem afrikanischen Stammeshäupt-
ling g'schenkt kriegt, wie der bei eam auf Bsuach
war und g'merkt hat, dass hinten im Bayerischen
Wald keine Löwen nicht gibt. Und weil der Löwe
aus Schwarzafrika zu de Schwarzn nach Bayern
kemma is, hot's einfach ghoaßn, des Fell is von am
bayerischen Löwn. Vor dreißg Jahr hat da General
von Schwanstein des Fell dann der Frein Sophie
verehrt, zum 60. Geburtstag, und seither flackts bei
ihr im Speisezimmer am Boden rum. Schon man-
cher ist über den Riesenschädel von dem Viech
g'stolpert, ganz bsonders oft der oide Hausdiener
Karl mit seine krampfadrigen Krautstampfer.

Grad is er mit'm Tischdeckn fertig. Er wackelt
zur Kommod und weil er net aufpasst, stolpert er

wieder amoi über das Haupt des Untiers. Bei-
nah hätt'sn highaut. Saugrantig starrt er auf den
Trumm Schädl. Der rührt si aber net, so ois kannt
er nix dafür.

In dem Augenblick schwanzlt die oide Sophie
am andern End vom Speisezimmer die Treppn run-
ter. D'Frein Sophie feiert heit nämli ihren Neun-
zigsten und deshalb gehts so etepetete zua. Der
Hausdiener Karl daschpecht sei Fraule und sofort
hatscht er gschaftig zu ihr hi.

Karl: Ah, Sie san's scho, Frein Sophie, an scheena
Abnd wünsch i eana.
Frein Sophie: An scheena Abnd, Tscharli.

D'Frein Sophie nennt ihren Hausknecht net Karl,
sondern Tscharli, weil des heitzutog in is, ois in
Englisch zum sogn, sozusagen in bayerischem
Englisch. Galant wia er is, ruckt da Karl den
Sessel auf d'Seitn und lasst d'Frein Sophie naufh-
hocka.

Karl: Guat schaugns heit wieder aus, Frein Sophie.
Frein Sophie: Moanst wirkli, Tscharli? Na ja, mir
gehts scho wieder a bissl besser. Dank da schön für
dei Nachfrag.
Karl: Des gfreit mi …

Frein Sophie: ... oiso, Tscharli, i muaß scho song, host fei wieder ois bärig hergricht.

Karl: Gelts Gott, Frein Sophie, wenn's eahna nur gfoit.

Frein Sophie: Und, wos is, san aa alle do?

Karl: Freili, des ist doch klar. Alle sans kemma, nur zweng eanam Wiegenfest, Frein Sophie.

Bloß bläd, dass koana von de Gäst wirklich da is. Die san nämlich alle scho lang gstorbn, aber die oid Sophie wui des einfach net wahr ham. Deshalb tuat's a so, ois waarn ihre vier Freind heit wieder olle zamm kemma, um mit ihr Geburtstag zum feiern. Und da Karl muaß bei dera Gaudi die Rollen von dene viere schpuin. Auf die Prozedur do gfreit er si oiwei scho 's ganze Jahr.

Frein Sophie: Und san aa olle fünf Plätz richtig eideckt?

Karl: Do brauchan S' doch net frong, natürlich olle, so wia oiwei.

Frein Sophie: Wo hocktn desmoi da Wampnrieder?

Karl: Da Wampnrieder? Der hockt des Johr do, Frein Sophie.

Frein Sophie: Und da General von Schwanstein?

Karl: An General hob i do plaziert, Frein Sophie?

Frein Sophie: Und an Walter Veigl?

Karl: Der sitzt do drentn, Frein Sophie.

Frein Sophie: Und mei oida Schpezi, da Alois Hingerl?

Karl: Do brauchas frong, rechts von eahna hockt er, so wia Sie's ham woitn, Frein Sophie.

Frein Sophie: So iss recht, Tscharli, na konns los geh. Du konnst jetz glei d'Suppn auftrong.

Karl: Werd gmacht, d'Suppn, wia Sie's wünschn. … Olle wartn ja scho auf eana.

Karl watschelt ohne Verzug zur Kommod, passt wieder nicht auf, stolpert abermois über den Löwenschädel und grantlt'n bäs o. Dann schöpft er ausm Suppntopf an Teller Suppn und serviert'n seinem geliebten Fraule.

Karl: Derfs scho a Löffal Leberspatzlsuppn sei, gäi Frein Sophie?

Frein Sophie: Leberspatzlsuppn sogst, ja freilich, des is doch mei Leibspeis, Tscharli.

Karl: Des hob i ma scho denkt.

Frein Sophie: Woaßt wos, dazua brauch ma aber a Stamperl Kerschgeist, weil d'Suppn so fett is.

Karl: An Kerschgeist zur Suppn? Na, meinetwegn.

Scho trappet der Karl wieder zur Kommod, foit auf's Neie über den Saukopf vom Löwen, fluacht auf sei Mähne nunter, nimmt von der Anrichtn

die Flaschn mitm Kerschgeist und schenkt da
Frein Sophie a Stamperl ei. Danach geht er von
oam Gast zum andern und giaßt jedem an Becher
voi. Beim Wampnrieder tuat er so, ois waars
z'wenig, wos er eam eigschenkt hot. Es schaugt
so aus, ois daat er mit eam dischkriern. Dabei be-
wegt er 's Mai, ohne dass ma wos hört. Na schenkt
er eam sauber noch. Ja mei, da Wampnrieder hot
hoit an Durscht.

Karl: Und jetz ois wieder ganz genau so wia
letzt's Jahr, Frein Sophie, net wahr?
Frein Sophie: Freili, ois ganz genauso wia oiwei,
Tscharli.
Karl (nachplappernd): Hob mas scho denkt, ois
ganz genau so wia oiwei, Tscharli.
Frein Sophie: Is des a Kerschgeist ausm Chiem-
gau, Tscharli?
Karl: Natürlich is der ausm Chiemgau, Frein
Sophie, a ganz a rasser Chiemgauer Kerschgeist.
I hobn erst heit früah ausm Keller raufghoit.

Wia da Karl die Flaschn zur Kommod zruck bringt,
ma möchts ja net glaubn, stolpert er scho wieder
über den Schädl von dem Mistviech, wos eam sauber stinkt. Dann hatscht er zum Platz vom Wampenrieder, nimmt an Becher in d'Hand und draht
sie zur Frein Sophie. Die schaugt wia a liebes-

Franz Josef Wa

kranke Katz, hebts 's Glasl hoch und prost am Wampenrieder selig lächelnd zua.

Frein Sophie: Franz Josef Wampenrieder!
Karl (mit brummiger Stimme): Auf ihr Spezielles, Frein Sophie!

Auf oan Zug sauft Karl den Becher leer. Na ja, wenn er's vertragt!

Frein Sophie: General von Schwanstein!
Karl: Auf ihr … Muaß i's des Jahr wirklich wieder song, Frein Sophie?
Frein Sophie: Freili, mia zliab, Tscharli.
Karl: Oiso, eana zliab, na sog is hoit … (mit schnarrender Stimme) … Schkoll!

Karl haut dabei so zackig seine Haken zamm, dass eam d'Fersn vaschiabt. Er hupft und vaziagt sei Vissasch. Na ja, ois oida Mo hätt er des besser net doa soin, aber wenn's d'Frein Sophie hoit so ham wui. Er sauft den zwoatn Becher leer.

Frein Sophie: Und? Walter Veigl!
Karl: A guats Neis, Frein Sophie, gäi (lächelt süßlich) he-he-he …

Des is jetz scho da dritte Becher Kerschgeist, den

da Karl durch sei Gurgl laffa lasst. Aber no merkt ma nix davo.

Frein Sophie: Und, mei liaba Alois Hingerl!

Karl: Ja ja, da waarn ma wieder amoi, oide Haut …

Da vierte Becher Kerschgeist – auf oan Zug! Prost Karl, konn ma do nur song.

Frein Sophie: Konnst jetz scho an Fisch auftrong, Tscharli!

Karl: An Fisch? Wie s' meinen, Frein Sophie. Hot eahna d'Suppn geschmeckt?

Frein Sophie: Brauchst frong, sauguat wars wia oiwei.

Karl: Des gfreit mi jetz aber, Frein Sophie, dass eana g'schmeckt hat.

Ganz langsam, kaum zum merka, entfaltet da Kerschgeist seine umwerfenden Kräfte. Aber an leeren Suppntella bringt der Karl no recht aufrecht zruck zur Kommod. Bloß übern Löwnschädl stolpert er wieder, grantlt na an Fisch aufn Teller und serviert'n seim Fraule.

Karl: Wos is, Frein Sophie, derfs scho a Bröckl von da Starnberger See-Renkn sei, oder net?

Frein Sophie: Her damit! Und zum Fisch waar a Fränkischer Weißer recht.

Karl: Wenn s' moana, a Sauerampfer zum Fisch, meinetwegn! … Und ois wieder ganz genau so wia letzts Jahr, gäi, Frein Sophie.

Frein Sophie: Freili, ois genau so wia letzts Jahr, Tscharli.

Karl (seufzend): O mei …

Da Karl wacklt zur Kommod, stolpert, fluacht, bringt d'Flaschn mitm Fränkischen Sauerampfer, schenkt da Reih nach olle fünf Becher voi, am Wampenrieder, dera Saufkugel, muaß er wieder nachgiaßn, bringt na d'Flaschn zur Kommod zruck, stolpert desmoi aber net übern Löwn, wos eam gar net eileuchtn wui. Wia er aber zruck zum Tisch geht, – rumms – do hautsn über den Löwndätschi drüber, dass er si kaam derfangt. Na ja, er hot jetz scho an leichtn Surri – da Kerschgeist gfreit sie hoit scho aufn Sauerampfer. Den muaß da Karl jetz viermoi hintereinander saufa, so an sauern Weißn aus Frankn, dass eam glei d'Leber zammziagt und dabei muass er viermoi seim Fraule zuaprostn, sie hot ja schließlich Geburtstag.

Frein Sophie: Franz Josef!

Karl: Auf ihr Spezielles, mei Spatzl …

General von Schwanstein

Frein Sophie: General von Schwanstein!

Karl: Muaß i wirkli müassn, Frein Sophie?

Frein Sophie: Tscharli, i bitt di recht schee …

Karl: Schkoll!

Karl haut die Hacken zusammen, dass grod a so kracht und hupft wia bläd rum, weils eam seine Fersn aus de Angln ghobn hot.

Frein Sophie: Walter, wos is?

Karl: An guatn Rutsch, Sophie Meisal (lacht süßlich) he-he-he …

Frein Sophie: Alois!

Karl: … Sie schaung fei oiwei jünger aus, Hasibärle. Jünger gehts boid nimmer! – Hallo – fft – hallo – ham's koan Schmaizla?

Karl wankt hinterm Sessel von seim Fraule vorbei und muaß sich jetz schon festhoitn, sonst taat er d'Kurvn nimmer kriagn. D'Frein Sophie zuckt a wengal zamm. Da Karl schüttelt si, damit da Alkolohl besser obilafft und wieder Platz für wos Hochprozentigs is.

Frein Sophie: Jetzt konnst 's Brathendl herfahrn, Tscharli!

Karl: Aha …

Da Karl serviert an Fisch ab, stolpert auf's Neue übern Löwn, grantl sich zum Hendl hi und trogts mit Anlauf auf.

Frein Sophie: Schau dir bloß den Vogl o, da lafft oam ja 's Wasser im Mai zamm.

Karl: Ja, des is a resch's Hun … Hünderl … Henderl … hupps … a heschs Runderl … a runds Hescherl …

Frein Sophie: Und woaßt wos, dazua trink ma jetz an Schampus.

Karl: Sssschambus, selbstverfreilich … und ois wieder ganz genau so wia jeds Jahr, gäi, Frein Sopherle?

Frein Sophie: Ja, ois ganz genauso wia oiwei, Tscharli ….

Wia da Karl an Schampus holt, is er scho an Suri. Er wankt wie eine Tanne im Herbststurm. 's Eigiaßn haut nimmer gscheit hi, er trenzt sauber rum. Am Wampnrieder giaßt er an Schampus aufn Teller. Wia ers merkt, schütt er die ganze Soß vom Teller in Becher nei. Aa bei de andern drei saut er den Tisch voi, doch d'Frein Sophie übersiehgt gnädig die Plantscherei. Wie da Karl d'Flaschn zur Kommod zruckbringt, dupft er an Spritzer Schampus hinter seine Ohrwatschl, so bsuffa is er jetz scho. Aber er gibt net auf. Grölend

rennt er mit letzter Kraft zum Platz vom Wampen-
rieder.

Frein Sophie: Franz Josef!
Karl (fast brüllend): Sopherl, mei Schpatzerl …
Frein Sophie: General von Schwanstein!
Karl: … mu … muaß i … wirkli nomoi?
Frein Sophie: Tscharliii!
Karl: Sssschkolll!

Karl will erneut seine lädierten Haken zamm-
schlagn, aber desmoi haut er so gach daneben,
dass'n fast hidraht hätt.

Frein Sophie: Walterle!

Karl greift nach dem Becher, erwischt ihn aber
nicht und wui aus seiner Hand trinken, bis er
merkt, dass eam nix ins Mai einilafft, weil er über-
haupts koan Becher in de Finger hot. Den holt er
sich jetzt im zweiten Anlauf.

Karl: A neis Guats, Sophie-Mädi …
Frein Sophie: Alois!

Jetz is der Karl aber scho recht haudi beinander.
Er konn fast nimmer grod steh. 's Redn foit eahm
aa schwer. Seine krampfadrign Krautstampfer
macha, wos woin.

Karl: Sie san … upps … des danschigste kloane Weibi – hicks – des liabste butzigste Drudscherl, … des je auf da Wöit war. …. Juhu, jetzt gehts aber rund, Eng'l boaniger!

Wia Karl an Becher ausgsuffa hot, rülpst er ordinär, wankt na hinterm Sessel von da Frein Sophie vorbei, hoit si fest, verliert 's Gleichgwicht, reißt an Sessel samt da Sophie nach hintn, dass er fast umkippt. D'Frein Sophie kreischt auf. Zum Glück passiert nix.

Karl: Wolllen Schie, ein büssl Obscht?
Frein Sophie: Na, Apfiküachal bringst ma, Tscharli.

Karl packt das Tablett mit dem Hendl, rennt zur Kommod retour, stolpert übern die zwoa Löwnschädl, wei er ois doppet siehgt – und 's Tablett mitm Gummiadler fliagt in hohem Bogen durch's Zimmer. Karl schaugt angestrengt zur Deckn nauf und wundert si, dass da Vogel net drobn pappt. Dann drudelt er zur Kommod und holt den Nachtisch. Er nimmt Anlauf, flitzt am Plotz von da Frein Sophie vorbei, weil er zvui Schwung hot. Er konn's nimmer dabremsn und galoppiert hoib d' Treppn nauf, bis er endlich zum steh kimmt und an Rückwärtsgang eilegn ko.

Zu de Apfikiachal mog d'Frein Sophie aa wos zum Trinkn.

Frein Sophie: ... und dazua waar a Schöpperl ›Versoffene Jungfern‹ recht.

Karl: Naa! ... Net! ... Bittschön! ... Und ois wieder ganz genau so wia jeds Jahr, gäi?

Frein Sophie: Ja freili, ois ganz genau so wia oiwei, Tscharli ... reiß di zamm!

Karl: !!!

Karl startet zur Kommod und bringt mit extremer Schlagseite eine Flasche »Versoffene Jungfern«. In den Becher von da Frein Sophie trifft er grod no nei. Beim Wampenrieder bleibt er bocksteif steh, starrt aufn Becher, bis er 's Loch ausgmacht hot, wo er neitreffa muaß. Dann – mit oan Ruck spritzt er des Gsöff in den Becher und versaut dabei an Tisch. Rundum rennt er jetz von Becher zu Becher und giaßt d'Hälfte daneben. Und zruck zur Kommod gehts, dabei sauft er ungeniert aus da Flaschn. Vor am Löwnkopf bremst er, grinst und hopst wia a Hasi mit seine zwoa oidn Krautstampfer drüba und gfreit si danoch wia a Schellnkini. Und scho watschlt er wieder zum Wampenrieder sein Plotz.

Frein Sophie: Franz Josef!

Karl (grölend): Deandl, muaßt lustig sei … holla-ra-diri-aho … iaho!

Frein Sophie: General von Schwanstein!

Karl: Sssssschossschkolll … lala!

Karl packt den Becher und schüttet den Inhalt in die Luft. Er platscht auf seinen Kopf zurück und aufn Tisch. Sofort streift er die ganze Sauerei mit der Hand sorgfältig vom Tisch in den Becher zruck und sauft de Soß aus. Er is jetz sternhaglvoll.

Frein Sophie: Walter-Bubi!

Karl ergreift im Suff statt den Becher die Blumenvase, reißt die Bleamen raus und sauft in oam Zug des ganze Bluamawasser aus.

Karl (sich schüttelnd): Pfui Deifi … Bluatsaure Katz … Schuldigung, Freileilein Sophile! … A so a greisligs Gsief …

Frein Sophie: Alois!

Karl: … zäfix Haleluja … Hoppala! Schwoam mas owi, … luja, sog i!

D'Frein Sophie merkt, dass es jetzt höchste Zeit ist, die Feier zum Abschluss zu bringen.

Frein Sophie: Tscharli, des war wieder moi a Pfundsgaudi!

Karl: Jalala, ehrli … a arschrunde Gaudi …

Frein Sophie: Und jetzerle, woaß wos, jetz steig i in mei Foin!

Karl: … in d'Foin steign ma?

Frein Sophie: Nix anders!

Karl: Bleibn S'hocka und nehmmen Sie meine Hand, Frein …

Karl torkelt in seim Saurausch wia a Kasperl zu seim Fraule, reißt ihr an Sessel weg und drahtn im Kreis zu sich her.

Frein Sophie: Wia i sog, i hau mi jetz glei hi.

Karl reicht da Frein Sophie galant den Arm.

Karl: Oiso, hopp – auf gehts – pack mas, du Drudscherl. Gäi, und genau so wia a jeds Jahr, Sopherl, stimmts?!

Frein Sophie: Freili, ganz genau so wia a jeds Jahr, Tscharli-Bua!

Karl: Na guat … I tua, was i ko …

Karl zwinkert seinem Fraule zua und grinst ihr frech ins Gsicht. Na vaschwinden die zwoa nach oben. Und do feierns na weiter.

Und an alledem
siehgt ma moi wieder ganz deutlich ...

Alter schützt vor Feiern nicht!

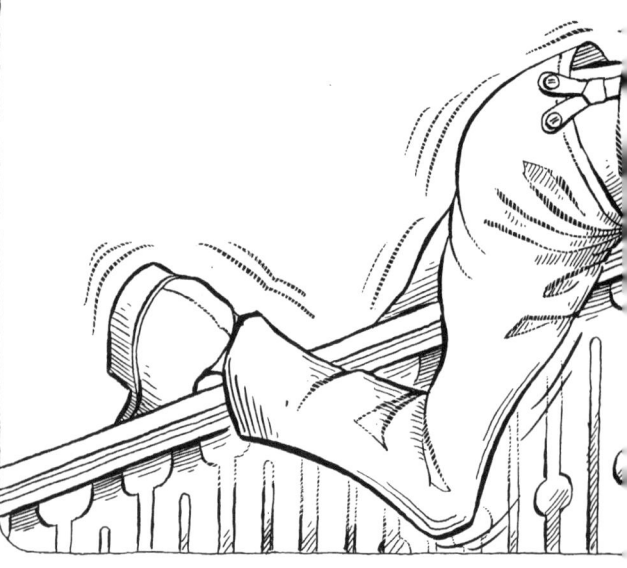

Same procedure
as every year

Die englische Nachdichtung
des urbayerischen Originals

James: Good evening, Miss Sophie, good evening.

Miss Sophie: Good evening, James.

James: You are looking very well this evening, Miss Sophie.

Miss Sophie: Well, I am feeling very much better, thank you, James.

James: Good, good …

Miss Sophie: Well, I must say that everything looks very nice.

James: Thank you very much, Miss Sophie, thank you.

Miss Sophie: Is everybody here?

James: Indeed, they are, yeah, yes … They all are here for your anniversary, Miss Sophie.

Miss Sophie: All five places are laid out?

James: All laid out as usual.

Miss Sophie: Sir Toby?

James: Sir Toby, yes, he's sitting here this year, Miss Sophie.

Miss Sophie: Admiral von Schneider?

James: Admiral von Schneider is sitting here, Miss Sophie.

Miss Sophie: Mr. Pommeroy?

James: Mr. Pommeroy, I put round here for you.

Miss Sophie: And my very dear friend, Mr. Winterbottom?

James: On your right, as you requested, Miss Sophie.

Miss Sophie: Thank you, James. You may now serve the soup.

James: The soup, thank you very much, Miss Sophie, thank you. They are all waiting for you. Little drop of Mulligatawny soup, Miss Sophie …

Miss Sophie: I am particularly fond of Mulligatawny soup, James.

James: Yes, I know you are.

Miss Sophie: I think we'll have sherry now, with the soup.

James: Sherry with the soup, yes … Oh, by the way, the same procedure as last year, Miss Sophie?

Miss Sophie: Same procedure as every year, James.

James: Same procedure as every year, James.

Miss Sophie: Is that a dry sherry, James?

James: Yes, a very dry sherry, Miss Sophie. A very dry. Straight out of the cellar, this morning, Miss Sophie.

Miss Sophie: Sir Toby!

James: Cheerio, Miss Sophie!

Miss Sophie: Admiral von Schneider!

James: Ad … Must I say it this year, Miss Sophie?

Miss Sophie: Just to please me, James.

James: Just to please you, very good, yes, yes ... Skolll!

Miss Sophie: Mr. Pommeroy!

James: Happy new year, Sophie!

Miss Sophie: And dear Mr. Winterbottom!

James: Well, here we are again, old lovely ...

Miss Sophie: You may now serve the fish.

James: Fish. Very good, Miss Sophie. Did you enjoy the soup?

Miss Sophie: Delicious, James.

James: Thank you, Miss Sophie, glad you enjoyed it. – Little bit of North Sea haddock, Miss Sophie.

Miss Sophie: I think we'll have white wine with the fish.

James: White wine with the fish. The same procedure as last year, Miss Sophie?

Miss Sophie: The same procedure as every year, James!

James: Yeah ...

Miss Sophie: Sir Toby!

James: Cheerio, Sophie, me gal ...

Miss Sophie: Admiral von Schneider!

James: Oh, must I, Miss Sophie?

Miss Sophie: James, please, please ...

James: Skoll!

Miss Sophie: Mr. Pommeroy!

James: Happy new year, Sophie gal.

Miss Sophie: Mr. Winterbottom!

James: ... you look younger than ever, love! Younger than ever! He, he, he ...

Miss Sophie: Please, serve the chicken!

James: Ya ...

Miss Sophie: That looks a very fine bird?!

James: That's a lovely chu ... chuk... chicken, that I'll tell you, a lovely ...

Miss Sophie: I think, we'll have champagne with the bird!

James: Champagne, ya ... Sssame, same procedure as last year, Miss Sophie?

Miss Sophie: Same procedure as every year James!!! – Sir Toby!

James: Sophie me gal ...

Miss Sophie: Admiral von Schneider!

James: ... must I, Miss Sophie?

Miss Sophie: James!

James: Ssskoll!

Miss Sophie: Mr. Pommeroy!

James: Happy new year, Sophie gal ...

Miss Sophie: Mr. Winterbottom!

James: It's one of the nicest little women ... hick ... one of the nicest little women, that's ever breathed, ever breathed ... I now declare this bazar opened! Would you like some fruit?

Miss Sophie: I think we'll have port with the fruit!

James: Oh, noo! S ... ame procedure as last ...

Miss Sophie: Yes, same procedure as every year, James!

James: ....!!!...

Miss Sophie: Sir Toby!

James: Sugar in the morning, sugar ...

Miss Sophie: Admiral von Schneider!

James: Ssskolll!

Miss Sophie: Mr. Pommeroy!

James: I'm sorry, Madam, sorry.

Miss Sophie: Mr. Winterbottom!

James: ... huuuh, I'll kill that cat!

Miss Sophie: Well, James, it's been really a wonderful party!

James: Well, it's been most enjoyable.

Miss Sophie: I think, I'll retire.

James: You're going to bed?

Miss Sophie: Yes.

James: Sit down, I'll give you a hand up, Madam.

Miss Sophie: As I was saying, I think, I'll retire.

James: Ya ... Ya. – By the way, the same procedure as last year, Miss Sophie?

Miss Sophie: The same procedure as every year, James!

James: Well – I'll do my very best!

Pfüa Gott!

Noch war das vorliegende Buch »Dinner for one auf Bayerisch« überhaupt nicht erschienen, da meldeten sich bereits zu Hauf selbst ernannte Kritiker, die behaupteten, der Text »Abendessen für eine Person« sei niemals von Karl Valentin. Sie könnten, so ihr Argument, ihre Behauptung zwar nicht beweisen, aber sie würden es einfach nicht glauben können, weil sie es nicht wollten, dass die bayerische Fassung von »Dinner for one« vor der englischen entstanden sei. Sie hätten schließlich die besten Jahre ihres Lebens in dem festen Glauben dafür geopfert, die englische Fassung von »Dinner for one« sei das Original. Und so mir nichts dir nichts wollten sie sich nun ihre langjährige Überzeugung nicht rauben lassen oder über irgend einen Bord werfen. Diesen Menschen, deren seelische Erschütterung durchaus zu begreifen ist, mag man nur eines entgegnen: »Dann glauben sie es halt nicht!« Oder, um es mit dem bayerischen Kabarettisten Bruno Jonas etwas einfacher auszudrücken, der einmal meinte – ich zitiere: »Hinterher is ma immer gscheiter, wia ma's vorher macha hätt soin. Es waar scho bessa, wa ma vorher wissat, wia's hinterher waar. Wenn ma oba vorher wissat, wia's hinterher waar, dat ma's dann vorher aa ändern? – Wenn ma's nämli vorher ändern daad, nacha waar's hintaher anders. Wenn's oba hinterher anders waar, nacha miassat ma's vorher net ändern, wia's nacha vorher aa scho anders g'wesn waar. Ma miassat's vorher scho überlegt hom, wia's hintaher g'wesn waar, wenn ma's vorher überlegt hom dadat.« Hat das Bruno Jonas nicht schön ausgedrückt, auch wenn sich mancher fragen wird, was dieses Zitat mit Karl Valentins Urheberschaft der Urfassung von »Dinner for one« zu tun hat, die unter dem Titel »Abendessen für eine Person« vielleicht nicht aus seiner Feder stammt, aber vielleicht aus seinem Kugelschreiber, wenn es ihn damals schon gegeben hätte.

Doch nehmen wir einmal ernsthaft an, Karl Valentin sei nicht der Verfasser des Sketches »Abendessen für eine Person«, so ist noch lange nicht gesagt, dass es nicht ein anderer gewesen sein könnte, dessen Handschrift der von Valentin aufs Haar ähnelt. In diesem Fall wäre jedoch die Vermutung nicht auszuschließen, dass der Text nicht erst nach 1945, sondern bereits viele Jahre zuvor entstanden ist, da Valentin doch bereits 1882 das Licht der Welt erblickte und relativ früh das Schreiben erlernte, wenn auch nicht gern. In diesem Fall wäre also »Abendessen für eine

Person« noch viel früher entstanden und die englische Version in der Folge noch erheblich später.

Und selbst wenn der Autor dieses Buches der Verfasser von »Abendessen für eine Person« wäre, ist damit noch lange nicht bewiesen, warum dessen Handschrift nicht der von Valentin gleicht, weil er doch eine gänzlich andere hat. Außerdem wurde die englische Version »Dinner for one«, wie bereits ausdrücklich erwähnt, von einem Bayern ins Englische übertragen, was dieser nur bewerkstelligen konnte, wenn die Urfassung bayerisch war, weil die meisten bayerischen Dolmetscher nachweislich viel lebendiger aus dem Bayerischen übersetzen als aus anderen Sprachen wie Finnisch, Skarabäisch oder Deutsch.

Wie sagte doch der Kritikerpapst Marcel Reich-Ranicki so treffend, wenn er nicht mehr weiter wusste:

»Und wieder sehen wirr betrroffen,
den Vorhang zu und alle Frrragen offen.«
Na ja, wenn er meint, dann wird es wohl stimmen.
Prost Neujahr und Schkolll!

Alfons Schweiggert

Inhalt

DINNER FÜR ALLE!

... uff hessisch ...

DINNER FOR ONE UFF HESSISCH

übertraache von Bogislav Betzdorf

Gebunden · illustriert · 64 Seiten · ISBN 978-3-89401-385-1

Mamma Hesselbach feiert ihren 90. – Da kam mer sich uff de
Kopp stelle un met de Ohrn waggele, es is immer desselbe ...

... op platt ...

DINNER FOR ONE OP PLATT

Gebunden · illustriert · 64 Seiten · ISBN 978-3-89401-338-7

Vertellt vun Günter Lüdke un mit schoine
Billers vun B. Ronstein

Das Ambiente ist norddeutsch: Ein Fischkutter liegt im Watt,
daneben die Seekiste mit Menü und Getränken.

... off säggssch ...

DINNER FOR ONE OFF SÄGGSSCH

Gebunden · illustriert · 64 Seiten · ISBN 978-3-89401-360-8

Ins Säggssche ieberdrachn unn mid ä Vorword
vorsähn von Christian Geschke. Illusdrierd mid Zeichnungen
von B. Ronstein und Bildorn aus'n Film.
Dä gleiche Brodsedur wie lädsdes Jahr? Wie jädes Jahr!

----

www.edition-nautilus.de